RECHERCHES

GÉNÉALOGIQUES ET HÉRALDIQUES

SUR LA FAMILLE

NICOLAZO DE BARMON

ET SES ALLIANCES,

RECUEILLIES ET PUBLIÉES

PAR

M. DE PONTAUMONT,

Membre de la Légion d'honneur et de la Société des Antiquaires de Normandie.

CHERBOURG
BEDELFONTAINE ET SYFFERT, Imprimeurs, rue Napoléon, 1.
1858.

RECHERCHES

GÉNÉALOGIQUES ET HÉRALDIQUES

SUR LA FAMILLE

NICOLAZO DE BARMON

ET SES ALLIANCES.

Divers documents à l'appui du registre matricule de la Société impériale académique de Cherbourg ont servi de base à ce petit travail relatif à une maison de vieille race espagnole, dans laquelle on distingua des hommes qui ont porté leur nom avec distinction dans les armes et les lettres, l'église et les magistratures de France; qui, à la fin du XVIIIe siècle, reçut l'alliance la plus glorieuse des temps modernes.

Cette notice est exclusivement destinée à la famille dont elle rappelle le nom et à l'un de mes confrères pour lequel j'ai autant d'estime que d'affection.

Avant d'entrer en matière, il est bon de rappeler que les titres conférés par ordonnance royale étaient autrefois les plus rares. Presque tous ceux de l'ancienne noblesse reposaient sur une prescription immémoriale qui avait fait de l'usage non contesté un droit, et sur la possession d'anciens fiefs héréditaires, titrés par concession du souverain ou antérieurement à toute concession. Ils conféraient, aux possesseurs nobles et à leur famille, le droit de porter le titre qui y était annexé. C'est par suite de ces faits que la charte de 1814 plaça les blasons anciens de la noblesse française au même rang que les titres glorieux et immortels transmis par l'Empire à la Restauration.

Un général espagnol, don Nicolazo, accompagna Charles-Quint à la cour de France en 1539, s'y maria et vint, par suite de cette alliance, se fixer à Vannes. On trouve son écusson dans l'Armorial de Bretagne (1).

Louis Ier Nicolazo, fils du précédent, est signalé dans l'histoire de Bretagne pour la part active qu'il eut dans les guerres de la Ligue. Pris avec trois autres chevaliers bretons par Jérôme d'Aradon, gouverneur d'Hennebon, ils furent détenus au château de Quéniply, d'où ils ne sortirent, le 25 novembre 1589, qu'en payant 4300 écus d'or pour rançon. (2)

---

(1) D'argent au léopard de gueules.
(2) D. Morice et D. Taillandier, hist. eccl. et civile de Bretagne, Paris, 1742.

Louis II Nicolazo, fils du précédent, fut le premier de sa race qui marqua en France dans l'ordre de la pensée. Jurisconsulte et avocat très-distingué au parlement de Bretagne, il plaida avec succès pour les notaires royaux d'Auray, dans l'affaire du sieur de Kermadec. Ce procès, qui fut un des plus remarquables du droit coutumier de Bretagne sur la transmission des offices, donna lieu à un arrêt fréquemment cité dans les anciens commentateurs. Le savant jurisconsulte Frain plaidait contre Kermadec.

A cette époque la famille Nicolazo eut deux de ses membres dans le haut clergé de Bretagne (1).

Jean Ier Nicolazo, fils de Louis II, épousa en 1689 damoiselle Marie Martineau (2). Ils eurent deux fils :

1° Jean II Nicolazo, qui épousa damoiselle Jeanne Bossart, dont la famille occupait un rang distingué dans la noblesse d'épée en Bretagne (3). Un frère de Jeanne Bossart se signala dans les guerres de la Fronde.

2° Yves Nicolazo, qui devint le chef de la branche des Nicolazo de la Grée figurant ci-après.

Luc Vincent Nicolazo, fils de Jean II, naquit le 18 octobre 1704 et mourut en 1778 (4). Il fut échevin de la ville et communauté de Rennes, fermier général et commandant des

---

(1) Un Nicolazo était chanoine de la cathédrale de Vannes en décembre 1608 ; un autre vicaire général de l'évêque en 1640.

(2) Portait palé, contre-palé d'or et de gueules à la fasce de gueules chargée de trois roses d'argent.

(3) Portait d'argent à 3 croissants de sable accompagné en chef d'un fresne arraché de sinople.

(4) Par sa mère il était cousin de Marie Picault de la Grimaudière, qui avait épousé, en 1661, Antoine des Vergers de Sanois, seigneur de Maupertuy, chevau-léger de la garde du roi. Un Picault de la Grimaudière était en 1563 abbé de St.-Aubin-du-Bois, de St.-Brieux.

milices de ladite ville. Doué d'une grande facilité de travail, d'une vaste mémoire, régulier dans ses habitudes laborieuses, il put porter sans faiblir le poids simultané de toutes ces charges. Il épousa en 1res noces, en 1726, Jeanne Pollet de la Teillaye, fille d'un avocat au parlement de Bretagne, née le 2 avril 1709, morte en couche en 1749; en 2es noces, Anne Montjouan du Gasset, mariée en 1750, morte en 1772; et en 3es noces, Anne Morel de la Sablonnière, mariée en 1774 (1).

De ces trois mariages sont issus seize enfants, qui, pour distinguer les lits d'où ils provenaient, ont ajouté à leur nom patronymique de Nicolazo des noms de terres qui leur appartenaient. C'est ainsi que se sont formées les branches de :

Nicolazo de Barmon,
Nicolazo de Launay,
Nicolazo de la Croix-Herpin.

La branche des Nicolazo de Barmon est la seule qui existe aujourd'hui.

Jean III Nicolazo, sieur de Barmon, né en 1749, fils de Luc Vincent Nicolazo et de Jeanne Pollet de la Teillaye, prénommés, brilla au parlement de Bretagne comme avocat et comme jurisconsulte. Elevé au collége de Pont-Le-Voy en Touraine, dirigé par les jésuites, il était poète, peintre et musicien distingué. Il possédait plusieurs langues et visitait fréquemment l'Angleterre, qu'il affectionnait particulièment. Il fonda et présida la chambre de jurisprudence de Rennes, d'où sortirent les comtes Defermon et Lanjuinais, l'un ministre d'État, l'autre membre du Sénat Conser-

---

(1) L'évêque de Rennes figure comme témoin à ce mariage, ainsi qu'un beau-frère de Luc-Vincent Nicolazo, nommé de Binoys, Sénéchal de Piré.

vateur. Il épousa en 1785 Marie Lamy de Lariboudière (1), fille d'un juge-consul, née en 1754, morte en 1817 (2).

Jean III Nicolazo de Barmon mourut le 17 février 1789. Il laissa de son mariage avec Marie Lamy de Lariboudière:

Louis III Nicolazo de Barmon (3), né en 1784, mort en 1821, qui épousa le 4 novembre 1809 Mlle Antoinette-Alexandrine de Condé (4), née en 1789.

De ce mariage :

1° Louis IV Nicolazo de Barmon, né à Rennes le 15 avril 1810, capitaine de frégate, chevalier des ordres impériaux de la Légion d'honneur et du Medjidié de Turquie, membre titulaire de la Société impériale académique de Cherbourg et de plusieurs autres Sociétés savantes. Il épousa le 11 juin 1845 Mademoiselle Louise-Octavie Gaigneron Jollimon de Marolles, née le 19 août 1826 (5).

2° Paul Nicolazo de Barmon, un des meilleurs élèves des

---

(1) Portait d'azur à la levrette d'argent, couronnée, passant, accolée de gueules et bouclée d'or avec couronne de marquis.

(2) Pendant la révolution, Madame de Barmon, née de Lariboudière, habitait à Rennes son hôtel de la place du Pré-Botté, où elle rendit de grands services à l'évêque de Rennes et à la sœur de ce dernier, abbesse de Saint-Georges. C'est en mémoire de ces services que Mgr. de Rennes laissa, comme souvenir, à Madame de Barmon deux tableaux d'un grand prix donnés par un pape à la famille de cet évêque.

(3) D'abord placé dans l'administration des finances aux environs de Guérande, il quitta bientôt ce poste pour se livrer exclusivement à l'administration de ses terres de Barmon, de la Riboudière et de la Touche. Il fixa sa résidence dans cette dernière propriété, que sa femme lui avait apportée en dot.

(4) Porte d'argent chevronné d'azur avec trois épées d'or les gardes en bas posées deux et une.

(5) Porte d'argent chevronné d'azur à trois têtes de coq de sable, becquées, gorgées et crêtées de gueules posées deux et une.

écoles de la Flèche et de St.-Cyr, mort en Afrique, officier au 33e régiment de ligne. — Sans alliance.

3° Auguste Nicolazo de Barmon, qui périt en assurant le salut du bâtiment dont il était second. — Sans alliance.

4° Francis Nicolazo de Barmon, né en 1817, négociant aux États-Unis. — Sans alliance.

5° Charles Nicolazo de Barmon, né en 1822, aujourd'hui officier au 2e régiment d'infanterie de marine, commandant le poste français de Nouka-Iva. — Sans alliance.

6° Antoinette Nicolazo de Barmon, qui épousa en 1843 M. Flamand, officier au 73e régiment de ligne, neveu de M. le général Flamand, baron de l'Empire, commandant de la Légion d'honneur.

7° Marie-Ambroisine Nicolazo de Barmon, qui épousa en 1856 Armand de Lourmel de la Picardière, procureur impérial à Redon.

Du mariage de Louis IV Nicolazo de Barmon et de Mademoiselle Louise-Octavie Gaigneron Jollimon de Marolles, prénommés, sont nés :

1° Louis-Jehan-Marie-Antoine-Ulric Nicolazo de Barmon, né à Cherbourg le 25 mars 1846, qui, âgé de 13 ans, a fait la campagne de la Baltique sur le bâtiment que commandait son père;

2° Hippolyte-Louis-Marie-Clément Nicolazo de Barmon, né à Cherbourg le 25 août 1847, ayant fait la même campagne;

3° Julie-Louise-Marie-Charlotte Nicolazo de Barmon, née à la Martinique le 31 décembre 1849;

4° Henri-Louis-Marie, Nicolazo de Barmon, né à Cherbourg le 25 juin 1853.

BRANCHE NICOLAZO DE LA GRÉE.

On trouve dans le procès-verbal du 20 novembre 1666 un Nicolas Nicolazo de la Grée, avocat du roi au présidial de Vannes et à l'amirauté de cette ville, qui demande l'enregistrement de sa famille au nobiliaire de Bretagne, lors de la recherche de noblesse faite par Chamillard en ladite année (1).

Il présenta en cette circonstance les contrats de mariage de

Louise Nicolazo avec Claude Marigo, seigneur de Kerguiffio, en 1580;

Et de Mathurine Nicolazo avec Jéhan, seigneur de Lieuzel, en 1646 (2).

N. Nicolazo de la Grée, fils d'Yves, était avocat au grand conseil à Paris.

On sait que ce grand conseil connaissait des évocations et réglements de juges, des nullités et contrariétés d'arrêts, de la conservation des juridictions des présidiaux et prévôtés des maréchaux de France, des bénéfices consistoriaux,

(1) Registre de la généralité, c. 2, fº 843. Mêmes armes que les Nicolazo de Barmon.
(2) Aux environs de Malestroit les archéologues visitent encore les ruines du château de Lieuzél, qui avait tourelles et pontlevis.

archevêchés, évêchés, abbayes, et de tous autres bénéfices qui étaient à la nomination du roi, à la réserve de la régale, dont la connaissance appartenait au parlement. Par édit du mois d'août 1717, le roi ordonna que le premier président du grand conseil, les conseillers, les avocats, les procureurs généraux, le greffier en chef, le premier huissier, alors pourvus et qui le seraient par la suite, lesquels ne seraient pas issus de race noble, ainsi que leurs veuves qui demeureraient en viduité, et leurs enfants et descendants, tant mâles que femelles, nés et à naître en légitime mariage, seraient déclarés nobles, pourvu que lesdits officiers aient servi 20 ans ou qu'ils décèdent revêtus de leurs offices.

Un Nicolazo de la Grée était, en 1739, prieur définiteur particulier des Carmes de Rennes.

BRANCHE NICOLAZO DE LA CROIX-HERPIN.

De Nicolazo, sieur de la Croix-Herpin (1), est issue :
Perrine Lucrèce Nicolazo de la Croix-Herpin, qui épousa Ambroise Pocquet, avocat au parlement de Bretagne et notaire royal apostolique.

(1) Mêmes armes que les Nicolazo de Barmon.

De ce mariage :

1° Françoise Pocquet, qui épousa N. de Valleray ;

2° Marie Pocquet, qui épousa Gaspard Louillé de Villermé, fils d'un avocat au parlement de Bretagne.

Cette famille Pocquet était originaire de l'Anjou. On trouve plus loin leur alliance avec la maison de Marolles, unie en 1845 à celle de Nicolazo de Barmon.

La maison de Valleray existe encore ; M. J. M. de Valleray a épousé, le 22 juillet 1845, Françoise Dupoërier de Noisseville, dont l'aïeul quitta la Normandie pour aller occuper la charge de contrôleur des fermes du roi en Bretagne, où il se maria avec Mademoiselle de Lassang de Boisé-Lucas, cousine de ce Damas de Boisgilbert qui se distingua en 1774 au combat de la *Belle-Poule.*

La sœur de M. de Valleray prénommé, juge d'instruction au tribunal de première instance de Dinan, a épousé, en 1859, M. Garnier, avocat, membre du tribunal de Commerce de Rennes; leur dernier enfant vient de mourir à Nice.

ALLIANCES DE LA RUE ET DE BERTEUX.

Nous avons vu plus haut que Luc-Vincent Nicolazo épousa en 1re noce Jeanne Pollet de la Teillaye, en 1726.

De ce mariage sortit Julienne Nicolazo, qui épousa Michel de la Ruë (1).

De ce mariage :

1° Louis de la Ruë, qui épousa Anne-Rose-Zoé Sollier de la Touche; il fut consul de France à Venise, à Trieste, et créé comte par Louis XVIII pour services rendus pendant la Terreur à la cause monarchique et à des ecclésiastiques en péril;

2° Anna de la Ruë, mariée à N. Tresvaux de Berteux.

Du mariage de Louis de la Ruë et d'Anne Sollier de la Touche sont issus :

1° Le général de division comte Isidore de la Ruë, grand croix de la Légion d'honneur, commandeur de Léopold de Belgique et de Danebrog de Danemark, actuellement président du comité de la gendarmerie impériale et des écoles d'état-major. — Sans alliance.

2° Zoé Sylvie de la Ruë, dame titrée de l'ordre de Cour de Thérèse de Bavière, morte à Paris en 1858.

Du mariage d'Anne de la Ruë et de M. de Berteux sont issus :

1° Louis-Marie-Luc Tresvaux, comte de Berteux, chevalier de Saint-Louis, officier aux gardes du corps du roi Charles X ;

2° François-Pierre-Julien-Marie Tresvaux de Berteux, maire de Décise, qui épousa N. Barbot de Rouëtard.

Du mariage du comte de Berteux prénommé, et d'Amélie Jarreton est issu

Léon-Louis Tresvaux, vicomte de Berteux, avocat.

Le savant abbé de la Ruë était de cette famille.

---

(1) Porte d'argent à trois branches de rue de sinople. Il justifia de huit degrés en 1666.

ALLIANCE DE LARIBOUDIÈRE.

Par son mariage avec Mademoiselle de Lariboudière, en 1783, Jean III Nicolazo de Barmon devint beau-frère de M. Lamy de Lariboudière, avocat au parlement de Bretagne, qui, ayant émigré en 1793, prit du service dans l'armée anglaise aux Indes, rentra en France en 1814 avec la croix de Saint-Louis et des pensions de la cassette du roi et du gouvernement anglais. Il mourut à Paris en 1827, âgé de 73 ans.

Lamy de la Riboudière (Fidèle), frère du précédent, également avocat au parlement de Bretagne, passa aux colonies, où il mourut en 1780, dans un poste élevé de la magistrature locale. Il avait reçu pour services exceptionnels la croix de l'ordre royal et militaire de Saint-Louis.

ALLIANCE DE CONDÉ.

Jean de Condé de Savigny, capitaine des galères, né en 1756, mort le 14 février 1758, à Paris, en son hôtel rue Bourbon-Villeneuve, fut inhumé dans l'église de Bonne-Nouvelle. Il épousa Anne Xhrouët, qui mourut à Paris le 19 août 1764, âgée de 35 ans, et qui fut inhumée en église Saint-Laurent.

Ils laissèrent trois enfants :

1° Jean Marc de Condé, né en 1755, qui épousa Félicité Dominé de Vernes, nièce de M. de Marchetz, officier aux gardes du roi (1), et de M. l'abbé Dominé, curé de Saint-Gervais, à Paris, où il est inhumé;

2° Pierre de Condé de Saint-Morel, mort en émigration; il avait épousé demoiselle Van Holstein;

3° Marie de Condé, qui épousa en Belgique M. de Stassart.

Jean Marc de Condé périt à Nantes victime des noyades de Carrier (2).

Il laissa de son mariage avec Félicité Dominé de Vernes deux enfants :

1° Antoinette-Alexandrine de Condé, qui épousa en 1809 Louis III Nicolazo de Barmon ;

2° Charles de Condé, qui était un des meilleurs élèves du lycée de Rennes et des plus destinés aux couronnes des concours, lorsque les évènements de 1812 interrompirent brusquement ses joûtes universitaires. Il avait 17 ans; il prit à cœur les périls de la patrie et entra comme volontaire dans les vélites de la jeune garde ; il fut tué sous les murs de Wilna.

Il existait en France plusieurs familles de Condé. Une habitait l'arrondissement de Vire en Normandie; une autre

---

(1) Il eut un fils qui est mort général de division.
(2) L'hôtel de J. M. de Condé à Paris fut vendu révolutionnairement en 1793, pour une somme de 400,000 livres en assignats.

possédait la baronnie de Condé dans la province de Hainault; une troisième résidait dans l'ancien comté Nantais.

Cette dernière famille portait dans ses armoiries trois épées d'or sur un écu de gueules; les Condé dont nous nous occupons avaient, dans leur blason, les mêmes pièces; la seul différence consistait dans l'écu qui était d'argent et dans un chevron d'azur. Ces rapports de similitude invitent à penser que ces deux familles ont eu une origine commune.

On retrouve les mêmes armes en la partie occidentale de l'église de Rumengol dans le Finistère, et sur un tableau qui décore la chapelle des Ursulines de la ville de Redon.

La plupart des ancêtres de cette famille de Condé se distinguèrent dans l'armée des ducs de Bretagne ou dans les hautes charges ecclésiastiques. Messire Payen de Condé fut l'ami et le compagnon fidèle du connétable de Clisson; il prit une part active, ainsi que Jehan et Léon de Condé, ses frères, à la guerre mémorable de Charles de Blois et de Jean de Montfort. Dans le siècle suivant, son petit fils Jehan de Condé contribua à la délivrance des ducs de Bretagne des mains des Penthièvre.

René de Condé, seigneur de Craon, fut déclaré noble d'extraction par arrêt du parlement de Bretagne, du 28 août 1670.

ALLIANCE DE LOURMEL.

Marie-Ambroisine Nicolazo de Barmon épousa en 1836, comme nous l'avons vu plus haut, Armand de Lourmel de la Picardière, procureur impérial à Redon, frère de M. de Lourmel, maire de Châteaubriand et membre du conseil général de la Loire-Inférieure. MM. de Lourmel étaient parents du général de ce nom, aide-de-camp de l'Empereur, officier qui trouva une mort si glorieuse et si chevaleresque dans les portes de Sébastopol, où il avait entraîné sa brigade, électrisée par son exemple.

Une demoiselle de Lourmel, sœur du général, épousa le capitaine de vaisseau Danican, dont la famille a possédé pendant longtemps la seigneurie de Rieux, vaste domaine dont relevaient les fiefs de Rochefort-en-Terre, Donges, Châteauneuf et autres terres suzeraines. En 1651 le seigneur de Rieux était comte de Harcourt, duc d'Elbeuf, prince de Loraine.

La famille de Lourmel est encore alliée aux Charette et aux Guerif de Kerosay.

Le château et le domaine de la Touche (1) près Redon, possédés aujourd'hui par M. Louis Nicolazo de Barmon, capitaine de frégate, qui les tient de sa mère Mademoiselle de Condé, avaient appartenu à la famille de Guerif et relevaient aussi de la seigneurie de Rieux.

Les sires de Rieux descendaient, dit-on, des premiers rois bretons et avaient pour devise: *Ici et ailleurs Rieux.* Leur nom se retrouve souvent dans l'histoire de Bretagne, et le souvenir des fêtes splendides données par ces barons est resté proverbial dans le pays.

Leur château, placé sur la route de Vannes à Nantes, commandait un pont qui fut, raconte-t-on, construit par un lieutenant de César, à l'entrée des légions romaines dans

---

(1) Ce domaine avait les juridictions de haute, moyenne et basse justice, ainsi que des droits d'épaves.

l'Armorique, et confié à la garde d'un fils du roi des Venètes, allié de César.

Plusieurs traditions singulières existent sur ce château, couronné jadis de moulins placés sur quatre tours.

Lors de la réunion de la Bretagne à la France, le maréchal de Rieux était tuteur de la duchesse Anne.

Le château de Rieux fut démoli par ordre de Richelieu.

Il y a peu d'années la commune de Rieux vendit pour mille francs les vastes ruines de son château.

Là on se promène aujourd'hui dans un charmant jardin anglais, dont la verdure voile en partie quelques vieux pans de murs encore debout et les blocs de maçonnerie épars sur les rives de la Vilaine.

AUTRES ALLIANCES DE LA FAMILLE NICOLAZO.

La famille Nicolazo eut les alliances ci-après indiquées :

D'Argences,

Boitou de la Mancelière,

Le Pot, dont l'un fut député de la noblesse de Picardie sous Charles VI (1);

---

(1) Les familles Collet, de la Tour-du-Pin et de Belleisle s'allièrent dans la suite à la maison Le Pot.

Goubart de la Martinière,
De Bechenec,
Chaillou de Létang,
De la Besneraie (1),
Lhermite,
Louvel de Longpré, de Maisonneuve, de Villejan, de la Haye;
Des Portes,
Et de Valincourt, par le mariage d'une fille d'Yves Nicolazo de la Grée.

Tout le monde connaît l'anecdote conservée par d'Alembert au sujet d'un de ces Valincourt, qui était membre de l'Académie française (2) à l'époque où le maréchal de Villars y fut admis. (3)

Un jour, dit d'Alembert, Villars demanda à ses chers *confrères* la permission, ne pouvant être aussi souvent qu'il l'aurait voulu parmi eux, de leur être présent au moins en peinture et de leur envoyer son portrait. On accepta avec acclamations et reconnaissance. Toutefois, après réflexion, on ne tarda pas à s'apercevoir qu'il n'y avait dans la salle de l'académie, d'autres portraits que ceux des deux ministres et des deux rois protecteurs de l'académie, et celui de la reine Christine. Le portrait de Villars, introduit à côté des leurs, allait donner à ce glorieux confrère un certain air de

---

(1) Jean Bossart, aïeul maternel de Luc-Vincent Nicolazo prénommé, était beau-frère de Julien de la Besneraie, dont un des descendants, sénéchal de Montfort et d'Hédé, légua sa fortune, qui était considérable, audit Luc-Vincent Nicolazo.

(2) M. de Valincourt, nommé en 1699, avait succédé à J. Racine dans le 4e fauteuil, occupé aujourd'hui par M. Scribe.

(3) Le maréchal de Villars, revenant vainqueur de Denain, fut nommé en 1714 au 14e fauteuil, occupé aujourd'hui par M. Alexis de Tocqueville.

protecteur et de tête couronnée. Valincourt, avec son tact fin, fut le premier à le sentir; il démêla à travers l'effusion de Villars une certaine adresse peut-être et une intention de gloire, l'ambition d'être le seul académicien que la postérité vît représenté à côté de Richelieu et de Louis XIV. M. de Valincourt se réserva donc, le jour où l'académie reçut le portrait du maréchal, d'offrir pour sa part à la compagnie ceux de Despréaux et de Racine, et, sans faire tort au héros, l'égalité académique et la dignité des lettres furent maintenues.

FAMILLE

GAIGNERON JOLLIMON DE MAROLLES.

Loches fut le berceau de cette famille, qui occupait un rang distingué dans la noblesse de Touraine.

Claude de Marolles, gentilhomme de la chambre de Henri III, lieutenant des Cent-Suisses et maréchal de camp, se signala dans diverses occasions, et surtout dans un combat singulier contre Marivault, en 1589. Celui-ci ayant défié Marolles, le combat se donna avec grand appareil aux portes de Paris, le 3 août 1589, lendemain de la mort de Henri III. Marivault était royaliste et Marolles ligueur. Le premier rompit sa lance dans la cuirasse de son adversaire, qui en fut faussée; et l'autre porta si vigoureusement son coup dans la visière de son ennemi qu'il y laissa le fer et un tronçon de sa lance. Marivault, renversé par terre, expira sur-le-champ. On ramena le vainqueur à Paris en triomphe, au son des trompettes et au milieu des acclamations publiques. Marolles, après s'être distingué dans les guerres d'Italie et de Hongrie, mourut en 1633, âgé de 69 ans.

Claude de Marolles laissa deux enfants: l'abbé de Marolles mentionné ci-après, et une fille qui épousa un Gaigneron dont la famille, passée aux Antilles vers 1650, a été la souche des Gaigneron Jollimon de Marolles.

Michel de Marolles, abbé de Baugerais et de Villeloin, naquit avec une ardeur extrême pour l'étude. Il publia une histoire des comtes d'Anjou et des traductions de Lucain, Plaute, Térence, Lucrèce, Catulle, Virgile, Horace, Juvénal, Perse, Martial, Stace, Aurelius-Victor, Ammien-Marcellin, Grégoire de Tours, Athénée. Il ajouta à ces publications une version du Bréviaire romain et une traduction de la Bible, dont il n'est parvenu jusqu'à nous que la Genèse, l'Exode et le commencement du Lévitique. L'abbé de Marolles avait, comme on voit, beaucoup d'érudition. Il se signala dans le cours de sa vie par son amour pour les arts. Il fut un des premiers qui recherchèrent les estampes. Il en fit, pendant sa longue carrière, un recueil de près de cent mille, qui fut acheté par Colbert et qui forma la base de l'inappréciable collection existant aujourd'hui à la bibliothèque impériale. L'abbé de Marolles mourut à Paris en 1681, âgé de 81 ans.

ALLIANCE DE LONVILLIERS ET DES VERGERS.

Philippe de Lonvilliers, chevalier, seigneur de Lonvilliers, de Pamèle, de Douriers, fut père de

Guillaume de Lonvilliers, seigneur de Grévilliers, né en 1382, père de

Guillaume II de Lonvilliers, écuyer, né en 1412, marié en Picardie, père de

Gilles de Lonvilliers, écuyer, seigneur d'Armencourt, St.-Oyen, etc., né en 1440, qui épouse Nicole du Razoir en 1487 et meurt en 1526; il demeurait à Fresnoy en Beauvoisis.

De ce mariage :

1° Mariette de Lonvilliers, qui épouse Thibault d'Agombert;

2° Jean de Lonvilliers, écuyer, seigneur d'Estrées, St-Denis, Poincy, Moëvilliers et autres lieux, possesseur d'un bref du pape constatant qu'un de ses ancêtres avait contribué de ses biens au subside levé pour l'expédition de la Terre-Sainte. Il était né en 1488. Il laissa de son mariage avec Françoise de Pathoufleau, contracté le 5 décembre 1424 :

Jean II de Lonvilliers, seigneur de Poincy, né en 1529, qui épouse en secondes noces Sophie de Choiseul, le 18 novembre 1566.

De ce mariage :

Charlotte de Lonvilliers, née en 1570, mariée le 6 mai 1592 à Florimond des Vergers, seigneur de Sanois et d'Auroy (1).

De ce mariage :

François des Vergers, seigneur de Sanois, né en 1593, qui épouse en 1623 Marguerite de Laporte.

De ce mariage :

Dominique des Vergers, seigneur de Sanois et de Maupertuy, né en 1631, qui épouse Catherine Lafond, à Saint-Christophe.

De ce mariage :

N. des Vergers de Sanois et de Maupertuy, né en 1667, qui épouse Dorothée Boivin (de Normandie).

De ce mariage :

Jean-Baptiste des Vergers de Sanois de Maupertuy, qui épouse à la Martinique Élisabeth du Val du Lys.

De ce mariage :

Nicolas des Vergers de Sanois de Maupertuy, qui épouse Louise Patelet de Lagrange, fille de M. de Lagrange, écuyer, capitaine de dragons.

De ce mariage :

Marie-Élisabeth des Vergers de Sanois de Maupertuy, mariée le 20 juillet 1772 à Charles-Joseph Gaigneron Jollimon de Marolles, né en 1747, mort en 1785.

De ce mariage :

Nicolas-Joseph-Clément Gaigneron Jollimon de Marolles, né en 1781, mort en 1850. Il a laissé de son mariage avec Louise-Césarine de Perrinelle, née en 1791 :

---

(1) Qui avait d'azur à la bande d'or. Simon des Vergers, seigneur du fief aux Huilliers, est le premier de la famille sur lequel on possède des renseignements positifs. Les registres du chatelet de Paris le qualifient dès 1454 de clerc notaire et secrétaire du roi.

1° Louise-Octavie Gaigneron Jollimon de Marolles, qui a épousé, comme il est dit ci-dessus, en 1845, Louis IV Nicolazo de Barmon;

2° Louis-Adolphe Gaigneron Jollimon de Marolles, marié à Amélie de Perrinelle, sa cousine.

ALLIANCE TASCHER DE LA PAGERIE.

C'est de Dominique des Vergers, seigneur de Sanois et de Maupertuy, époux de Catherine Lafond, désigné ci-dessus, qu'est descendue Rose-Claire des Vergers de Sanois de Maupertuy, qui épousa le comte Joseph-Gaspard de Tascher de la Pagerie, père de l'impératrice Joséphine (1).

---

(1) Voici une lettre autographe que la famille de Sanois de Maupertuy conserve précieusement. Elle est adressée à M. le comte des Vergers de Sanois, qui était, en 1809, premier page de S. M. l'Empereur Napoléon Ier.

« Mon cher Sanois, j'ai appris avec plaisir que l'Empereur vous a
» nommé lieutenant au 6e régiment de hussards. Cette faveur doit
» vous porter à redoubler de dévouement pour son service et à
» mériter de plus en plus ses bontés. Quant à votre pension je
» vous en donnerai une, mais je m'arrangerai pour cela avec le
» Vice-Roi. Adieu mon cher Sanois, vous connaissez l'intérêt
» que je vous porte ; il sera toujours le même, ainsi que mes
» soins pour vous.

» Aux eaux d'Aix, le 17 août 1810.   Signé : JOSÉPHINE. »

ALLIANCE DE BONNE.

Nicolas des Vergers de Sanois de Maupertuy, capitaine de dragons, cousin de Rose-Claire des Vergers de Sanois, comtesse de Tascher, prénommée, eut pour fille Marie-Rose des Vergers de Sanois de Maupertuy, née en 1767, mariée en premières noces au colonel de Baussancourt et en secondes noces à M. des Massias de Bonne. De ce mariage est née Céline de Bonne, qui a épousé M. Gaigneron de Marolles, membre du conseil privé de la Guadeloupe. Cette femme éminente par ses vertus semble avoir été ménagée par la Providence pour élever Anna de Marolles et les autres enfants de sa fille, enlevée prématurément à leur tendresse.

ALLIANCE DE PERRINELLE.

Louis du May de Perrinelle, président de la cour royale de la Martinique, officier de la Légion d'honneur, était un magistrat distingué par l'élévation de son caractère et par ses vastes connaissances.

Il laissa quatre enfants de son mariage avec Louise-Élisabeth-Césarine Pitault de Larifaudière :

1° Adolphe de Perrinelle, conseiller honoraire à la cour impériale de la Martinique, ancien président du conseil colonial ;

2° Théobald de Perrinelle, ancien officier aux régiments coloniaux, père de la marquise de Loray et de la comtesse du Hauvel ;

3° Evelina de Perrinelle, épouse de M. Sinson de Préclerc, qui a vu la mort lui enlever un fils unique, brillant élève de l'école militaire, et vouer à la douleur une existence qui ne semblait faite que pour le bonheur ;

4° Césarine de Perrinelle, mariée à M. Marie-Nicolas-Joseph Gaigneron Jollimon de Marolles. C'est de leur mariage qu'est issue Mademoiselle Louise-Octavie de Marolles, dame de Barmon prénommée, et M. Louis Adolphe de Marolles qui a épousé sa cousine germaine, fille de M. Adolphe de Perrinelle.

AUTRES ALLIANCES DE LA FAMILLE GAIGNERON JOLLIMON DE MAROLLES.

La maison Gaigneron Jollimon de Marolles s'allia avec les familles dont la désignation suit :

D'Arnaud, du Béarn, par mariage avec Élisabeth de Marolles, veuve Papin du Pont.

Comtes de Barbançois.

Marquis de Barbantane.

Jacques de Marolles, créé comte par Louis XVIII, eut de son mariage avec miss Élisa Hussey, une fille mariée à un marquis de Barbantane.

Richard de Beauchamps, d'Anjou.

Bence de Ste.-Catherine, de Normandie.

Boivin, alliée aux comtes de la Marche.

Du Buc de St.-Prix, de Normandie.

Une demoiselle de cette famille, se rendant à la Martinique, fut prise par des corsaires algériens. Elle devint sultane sous le nom de sultane Validé, mère du sultan Mahmoud. Le sultan Abdul Medjid est son petit fils.

Comtes de Bouillé, qui furent lieutenants-généraux et gouverneurs de la Martinique.

Caqueray de Valmenières, famille de Normandie très nombreuse.

L'un deux était en 1671 directeur de la manufacture royale des glaces à Tourlaville, près Cherbourg.

De Calmeil.

D'Espinay St.-Luc.

Des Sallis.

De La Grandière.

De Lauréal.

Cette famille avait alliance avec les Bruni de Châteaubrun, d'Entrecasteaux, et avec le Bailli de Suffren.

Jorna de la Calle, d'une ancienne maison d'Aragon.

La Touche-Treville, qui compta au nombre de ses membres l'illustre amiral de La Touche-Treville.

De Leyritz et d'Absac.

De Mongerald de Girardin.

Du Pont-Aubvoye, marquis d'Oysonville, famille originaire de la Touraine, ayant figuré aux Croisades.

Pitault de Larifaudière.

Papin du Pont, de l'Epine et de Kerfily.

Une demoiselle Papin, douairière de Marolles, reçut de Louis XVI une pendule précieuse, à raison de services rendus par elle à la France pendant la guerre de reprise de possession des îles des petites Antilles. Pendant le blocus des Anglais, Madame de Marolles avait prêté une somme considérable en moëdes d'or au général en chef français, le marquis de Bouillé, qui se trouvait à bout de ressources dans la colonie.

Une demoiselle Élisabeth de Marolles épousa en 1795 un Papin du Pont. De ce mariage est issu M. Léon Papin du Pont, moderne St-Vincent-de-Paule, qui a fondé plusieurs maisons de charité à Tours.

Pocquet de Puyléry, de Livonnière

Rampon de Surville, l'un d'eux, fut conseiller du roi en ses conseils d'État et privé.

De Repentigny.

Van Schalkwick, famille noble de Hollande, dans laquelle entre une demoiselle Papin.

De Scheffer.

De Courval.

De Montbazon.

De Buxon.

De Dillon.

M. le comte de Dillon, brigadier des armées du roi et colonel du régiment Irlandais de Dillon à la Martinique, en 1781.

De Polignac.

Pautier de Laguerre.

Bidé de Morville. M. Bidé de Morville, comte de Montalembert, avait épousé une demoiselle Caqueray de Valmenières, issue de Joseph de Marolles.

Pilet de Lautrec.
De Budan.
D'Audiffredy.
De Terray.
De Grimolt.
Fiquepeau de Caritan.
De Cools.
Cornette de Venancourt, qui compta plusieurs officiers de marine très-distingués.
Quesniou d'Escotières.
Hugues des Pointes.
De Bragelongne.
En mai 1625, Marie de Bragelongne, femme de Claude Bouthillier, chancelier de la reine Marie de Médicis, posa, par délégation de cette princesse absente de Paris, la première pierre du monastère des religieuses du Calvaire, situé près du palais du Luxembourg. Cette famille de Bragelongne descendait de Michel Chartier, sieur d'Alainville, décédé en 1485, et de Catherine Paté, sa femme. Les maisons de Montholon et de Soyecourt avaient la même origine.
Moreau de Jonnes.
Cleret de Langavant, qui a produit plusieurs officiers de marine distingués.
D'Arcy, qui compta plusieurs officiers au régiment irlandais de Dillon à la Martinique en 1781 et années suivantes.
Lepelletier de Saint Remy, de Liancourt, de Saint Fargeau, d'Aulnoy et des Tournelles.
Lejeune de Lamotte, de Clermont et de la Rochetière.
Haudebourg des Brosses et d'Acé.
De Lité.
De Mauny.
Lemerle de Beaufond. M. Lemerle, vicomte de Beaufond,

est actuellement commissaire général de la marine, commandeur de la Légion-d'honneur.

De Loubière.

De Lucy.

Rool de Courselas.

Gaigneron-Morin, des Vallons, des Mornais et des Ravinières.

Gaigneron Jollimon-d'Autriches, des Marêts, des Mornais et des Robert.

De Saint-Léger.

De Vaudierey.

D'Ormesson, par le mariage d'Alphonse de Perrinelle, lieutenant de lanciers, aide de camp du maréchal de Castellane, avec Charlotte d'Ormesson.

Teurthéville-Hague, 25 août 1858.

www.ingramcontent.com/pod-product-compliance
Lightning Source LLC
Chambersburg PA
CBHW060910050426
42453CB00010B/1640